1 MONTH OF
FREE
READING

at

www.ForgottenBooks.com

By purchasing this book you are eligible for one month membership to ForgottenBooks.com, giving you unlimited access to our entire collection of over 1,000,000 titles via our web site and mobile apps.

To claim your free month visit:

www.forgottenbooks.com/free605835

ISBN 978-0-266-92660-3
PIBN 10605835

This book is a reproduction of an important historical work. Forgotten Books uses
state-of-the-art technology to digitally reconstruct the work, preserving the original format
whilst repairing imperfections present in the aged copy. In rare cases, an imperfection in
the original, such as a blemish or missing page, may be replicated in our edition. We do,
however, repair the vast majority of imperfections successfully; any imperfections that
remain are intentionally left to preserve the state of such historical works.

UN CORSAIRE CANADIEN

JEAN LEGER de la GRANGE

PAR

PIERRE-GEORGES ROY

LÉVIS

———

1918

JEAN LEE

UN CORSAIRE CANADIEN

JEAN LEGER de la GRANGE

PAR

PIERRE-GEORGES ROY

LÉVIS

1918

Un Corsaire Canadien : Jean Leger de la Grange

Jean Léger ce la Grange était né cans la paroisse Saint-Ancré cu bourg d'Abiac, au ciocèse ce Limoges, le 19 juin 1663, cu mariage ce Elie Léger, marchand, et ce Jeanne ce Phélix.

A son contrat ce mariage reçu par le notaire Gilles Rageot à Québec, le 1er novembre 1691, on lui conne la qualité ce chirurgien. L'acte ce son mariage cressé le 3 novembre 1691 cit également que M. Léger de la Grange était chirurgien. Un acte ces registres de Champlain signale la présence ce M. Léger ce la Grange cans cette paroisse en 1700 et le qualifie aussi de chirurgien. Nous ne croyons, pas toutefois, que M. Léger ce la Grange ait exercé sa profession au Canaca. Peut-être était-il chirurgien cans un vaisseau cu Roi ou même cans un simple vaisseau marchand ?

M. Léger ce la Grange, il n'y a pas à en couter, était chirurgien, mais il était en même temps marin.

Le 28 avril 1696, on lui connait le commandement cu navire le WESP qui cevait faire partie de l'expédition de M. d'Iberville contre Terre-Neuve. (1)

---

(1)   Edouard Richard, SUPPLÉMENT DU RAPPORT DU DR BRYMMER SUR LES ARCHIVES CANADIENNES, 1899, p. 302.

Un an plus tard, le 8 mai 1697, Mgr l'amiral de France connait une commission à M. Léger de la Grange pour commander le BELLIQUEUX. (1)

Il est bon de noter, toutefois, qu'en temps de guerre, le Roi connait ces commissions pour commander des vaisseaux de la marine royale à des capitaines de la marine marchande. Aussitôt la guerre terminée ou leur utilité finie on renvoyait ces capitaines à leurs occupations ordinaires dans la marine marchande.

En 1699, Jean Léger de la Grange était marchand à Québec. Mais, apparemment, c'est sa femme, Louise Pauvel, qui dirigeait son commerce qui était assez important, si nous nous en rapportons aux pièces qui nous sont parvenues.

Le 4 novembre 1700, les directeurs généraux de la Compagnie de la colonie chargeaient M. Léger de la Grange d'aller commander les navires de la Cie en France. Ils s'engageaient à lui donner 3000 livres de France d'appointements par an. (2)

En 1702, M. Léger de la Grange commandait l'ATALANTE.

En 1703, M. Léger de la Grange est également qualifié de commandant de l'ATALANTE.

Le 14 novembre 1703, M. de Vaudreuil écrivait au ministre :

"Le peu de commerce qui s'est fait cette année en ce pays ayant obligé quelques personnes à l'améliorer, et ne trouvant pas de moyen plus glorieux ni plus propre que celui d'occuper la jeunesse, en l'envoyant en course, le sieur de Lagrange nous a proposé à M. de Beauharnois et à moi

(1) Inventaire dressé par M. Chambalon, notaire à Québec, le 27 janvier 1703.
(2) Acte devant Rageot, notaire, à Québec. Cet acte, malheureusement, n'est plus au greffe de Rageot.

C'arner avec C'autres associés ce printemps une brique pour
exécuter une entreprise qu'il a dessein ce faire au norc ce
Terreneuve ; c'est un homme ce concuite et cont la Compagnie a toujours été très contente.   Ainsi nous lui avons pro-
nis ce lui accorcer la cite permission.   Le dit sieur Lagrange se flatte, Monseigneur, aussi bien que ses associés que s'ils
peuvent réussir, vous y aurez égard et que pour lors S. M.
voncra bien leur accorcer une frégate pour les nettre en état
c'exécuter ce plus grances entreprises." (1)

Une fois la permission cu gouverneur et ce l'intendant
obtenue, M. Léger ce la Grange se chercha un associé pour
fournir les foncs nécessaires à une entreprise aussi hasar-
deuse. Il le trouva cans la personne ce Clauce Pauperet,
riche marchanc ce Québec.

Le 4 janvier 1704, M.M. Léger ce la Grange et Claude
Pauperet, par une convention sous seing privé (2) faisaient
les arrangements suivants :

Ils cevaient fournir également à la cépense ces deux
vaisseaux qui feraient l'expédition. Chacun ces ceux associés était cependant libre ce donner ces intérêts sur sa part
aux personnes qu'il choisirait.

Léger ce la Grange cevait avoir le commancement général de l'entreprise. Pauperet cevait commander l'autre
vaisseau. Au cas ce mort ou c'incapacité ce Léger ce la
Grange, Pauperet cevait prencre le commancement suprême.

Par un document daté le 9 juin 1704, nous voyons que
les associés ces sieurs Léger de la Grange et Pauperet étaient
Nicolas Dupont ce Neuville, Louis Chambalon, Georges
Regnard Duplessis, M. de Beauchesne, Antoine de la Garde,
Louis Prat, Antoine Pacaud, René Hertel de Chambly, Louis

---

(1)   Archives du Canada, Correspondance générale, vol. 21.

(2)   Déposée le même jour entre les mains du notaire Chambalon.

Baby, Pierre Baby, Pierre-François Fromage, etc., etc.

Le même jour, 9 juin 1704, Jean Léger de la Grange signait ses arrangements définitifs avec les armateurs et les hardis gars qui devaient faire partie de l'expédition. Les noms de ces braves, malheureusement, ne nous sont pas parvenus. (1)

Dans sa lettre au ministre datée de Québec, le 14 novembre 1714, M. de Ramezay écrit :

"Le Sr de la Grange a fait une phélibuste avec cent canadiens, ils ont pris à bonneviste habitation anglaise au nord de plesance, une fregatte de vingt-six canons chargés de molues, bruslé une flute, et fait aler à la coste un bastiment de quatorze canons, chaque homme au ra chacun environ quarante esens." (2)

Deux jours plus tard, le 16 novembre 1704, M. de Vaudreuil écrivait au ministre :

"L'année dernière, j'eus l'honneur de vous parler de l'entreprise du sieur de Lagrange et nous vous en rendons compte dans notre lettre commune. Celle-ci, il n'a prié, Monseigneur, de vous demander pour lui une commission de capitaine de brûlot. Cela lui donnerait un titre et c'est un très bon sujet et qui par suite s'il réussit dans ses desseins pourra vous être d'un grand secours en ce pays.

"Je vous réitère la prière que nous vous avons faite de lui accorder le nombre de matelots dont il aura besoin pour revenir." (3)

_____

(1)   Nous voyons, toutefois, par la lettre de MM. de Vaudreuil et de Beauharnois au ministre du 17 novembre 1704 que les deux fils du procureur général d'Auteuil faisaient partie de l'expédition de M Lègre de la Grange.   Par ailleurs, nous constatons que MM. Morel de la Durantaye, Juchereau de la Ferté et Pierre-François Fromage étaient également de l'expédition
(2)   Archives du Canada. Correspondance générale, vol. 22.
(3)   Archives du Canada, Correspondance générale, vol. 22.

Le 17 novembre 1704, MM. de Vaucreuil et ce Beauharnois écrivaient au ministre :

"Le Sr ce Vaucreuil eut l'honneur l'année dernière,
Monseigneur, ce vous marquer qu'il permettrait au sieur ce
la Grange c'équiper une barque pour aller en course aux côtes de Terre-Neuve. Nous lui avons permis ce printemps
c'armer ceux barques avec cent hommes ce ce pays. Ils ont
été à Bonneviste en Terreneuve où ils ont pris avec ceux
charroies (ayant été obligés ce quitter leurs barques à couze
lieues ce ce port, crainte c'être cécouverts) une frégate ce 24
pièces ce canons chargée ce morue. Ils ont brûlé ceux flû-
tes d'environ ceux à trois cents tonneaux et coulé bas une
autre petite frégate. Cette action est c'autant plus glorieuse pour nous qu'ils ont pris presque autant ce prisonniers
qu'ils étaient ce monce et que quanc le jour fut venu, il pa-
rut cans Bonneviste cinq à six cents hommes sous les armes.
Il passa en France avec sa prise.

"Il espère l'année prochaine faire une seconce tentative
vers les côtes ce Boston. Nous vous supplions, Monseigneur,
ce lui accorcer le nombre ce matelots cont il aura besoin.
Il pourrait venir en prime et par ce moyen nous aurions vos
orcres ce bonne heure." (1)

M. l'abbé Ferlanc raconte ainsi l'exploit cu sieur Léger
ce la Grange :

"Un habile navigateur, nommé La Grange, qui avait
fait la campagne ce la baie d'Hudson, sous d'Iberville, s'en-
nuyant du repos où il était récuit, proposa au gouverneur
général et à l'intendant ce frôter ceux barques pour une expédition contre un port ce Terreneuve ; il voulait venger
l'injure faite au nom français par un forban anglais, qui

(1)   Archives du Canada, Correspondance générale, vol. 22

avait attaqué des navires pêcheurs à Percé, et brûlé le villa-
ge et l'église de ce lieu. Il engagea une centaine de jeunes
canadiens, obtint une lettre de marque, et, se dirigea sur Bonavista, où étaient arrivés quelques navires de guerre qu'il
se proposait de surprendre. Pour n'être point découvert,
lorsqu'il arriva à douze lieues de ce poste, il laissa ses barques, et continua sa route sur deux chaloupes ; entrant de
nuit dans le port, il aborde une frégate de vingt-quatre pièces de canon, déjà chargée de morues, s'en rend le maître,
brûle deux flutes de deux à trois cents tonneaux chacune,
coule à fond une autre petite frégate, et se retire avec sa
prise et un grand nombre de prisonniers.

"Dans le fort de Bonavista étaient six cents anglais,
qui, le lendemain matin, étaient prêts à attaquer l'ennemi
mais, il était trop tard. La Grange et ses braves étaient déjà en route pour Québec, où ils arrivèrent au bout de quelques jours." (1)

Nous lisons dans le mémoire du Roi à M. de Vaudreuil
en date du 17 juin 1705 :

"La frégate Angloise que le S. de la Grange avoit pris
et amené à Bilbao pour y vendre la morue dont elle estoit
chargée a eté prise en venant de Bilbao à la Rochelle ainsy Sa Majesté n'a pas eu occasion de luy donner les matelots qu'il avoit demandé pour ce Bastiment. Cependant Sa
Majesté se souviendra des services que S. de la Grange et
Elle luy fera du bien dans les occasions." (2)

Le 19 octobre 1705, MM. de Vaudreuil et Beauharnois
écrivaient au ministre :

"Le sieur de Lagrange qui est un très bon homme de
mer, et qui a l'honneur d'être connu de vous, Monseigneur,

---

(1) COURS D'HISTOIRE DU CANADA, vol. ii, p. 353.
(2) Archives du Canada, série, B, 27-1, p. 128.

par le combat qu'il a rendu dans la prise qu'il a faite, à la
côte anglaise de Terreneuve, a proposé aux sieurs de Vaudreuil et Raudot de vous demander pour lui une frégate
du Roi de 30 canons qu'il armera à ses dépens ; il se char-
gera d'amener ici dans ce bâtiment cinquante tonneaux de
sel pour le compte du Roi, après quoi, Monseigneur, il
compte d'aller faire la course, outre le bien que cette frégate fera au pays, en y apportant le sel en prime, ce qui mettra le Sieur Raudot en état d'exécuter sa parole, elle mettra
les vaisseaux marchands qui viendront ici en sûreté, puis-
que les Anglais, sachant que nous aurons une frégate armée
n'oseront plus envoyer ces brigantins dans la rivière où
cette année nous avons appris qu'il y en avait deux. Les
sieurs de Vaudreuil, Raudot et Beauharnois vous supplient
Monseigneur, de vouloir bien continuer les bonnes intenti-
ons que vous avez pour le sieur Lagrange et de le proposer;
à Sa Majesté pour être capitaine de flûte." (1)

En 1708, le roi confiait à M. Léger de la Grange le
commandement du vaisseau L'AFRIQUAIN. (2)

En 1709, M. Léger de la Grange était en France.

Le 1er mars 1709, par l'entremise de son fondé de pro-
curation, Guillaume Gaillard, il obtenait de la prévôté de
Québec, un important jugement contre Dominique Bergeron, tuteur de l'enfant mineur de son défunt associé, Claude Pauperet. La prévôté ordonnait à Bergeron de payer à
Léger de la Grange une somme de 2,947 livres et 3 sols,
qui représentait les droits du dix pour cent sur la prise fai-

---

(1) Archives du Canada, Correspondance générale, vol. 22.
(2) Edouard Richard, *Supplément du Rapport du Dr Brymner sur
les Archives Canadiennes*, 1899, p. 410.

te par lui en 1704, cu navire de guerre ennemi le PEM-
BROOKE GALLEY (1).

Nous perdons ensuite M. Léger de la Grange de vue.

Le 19 février 1726, le président du Conseil de marine
écrivait à M. de Beauharnois qu'il serait nécessaire que,
pour la sûreté de la navigation des vaisseaux du roi allant
au Canada, il fut embarqué un officier à bord connaissant
bien la navigation du St-Laurent. Autrefois, ajoutait-il, le
sieur de La Grange de Rochefort avait été nommé capitaine de flûte, en raison de ses connaissances sur cette navigation et il s'embarquait tous les ans sur les vaisseaux du
roi......" (2)

Ce sieur de la Grange mentionné ici par le président
du Conseil de Marine était-il notre M. Léger de la Grange?
La chose est bien probable.

Ce qui nous fait croire que le sieur Jean Léger de la
Grange conserva ces relations avec le Canada même après
1709, c'est qu'une de ses filles était religieuse au monastère
des Ursulines de Québec.

La Mère Geneviève de la Grange de Saint-Louis fut une
sainte femme en même temps qu'une supérieure et une ad-
ministratrice de premier ordre. A plusieurs reprises elle
fut élue dépositaire et supérieure de sa communauté. Elle
décéda le 23 juillet 1776, à l'âge respecté de 83 ans.

Les URSULINES DE QUEBEC font beaucoup d'élo-
ges de cette femme de bien (3).

P. G. R.

---

(1) Jugements du Conseil Souverain, vol. V, p. 974.
(2) Archives du Canada, Correspondance générale, vol. 48.
(3) *Les Ursulines de Québec*, vol. III, p. 358.

CONVENTION ENTRE LES SIEURS JEAN LEGER DE LA GRANGE ET CLAUDE PAUPERET AU SUJET DE LEUR ENTREPRISE CONTRE LES ENNEMIS DE L'ETAT.

Au nom ce Dieu, ce la Très Sainte Trinité et ce la Très Glorieuse Vierge Marie nère ce Dieu.

Nous Claude Pauperet et Jean Leger ce la Grange avons fait les conventions suivantes pour parvenir à l'exécution ce l'entreprise que nous avons projettée contre les ennemis de l'estat suivant la permission que nous en avons obtenue ce Monseigneur le marquis ce Vaucreuil commancant général pour le Roy ce toute la nouvelle france, et l'agrément ce Monseigneur ce Beauharnois intencant ce justice police finances et ce la marine en ce pays.

1er--Nous nous promettons respectivement une union et intelligence parfaite cans l'exécution de nos entreprises pour lesquelles nous emploierons tout notre sçavoir et ce quy cependera ce nous.

Nous ferons tout ce concert et fourmirons également à toute la cépense nécessaire pour nous mettre en estat ce partir cès le printemps avec les ceux bastiments que nous cestinons pour exécuter nos cesseins.

Il nous sera libre ce conner part et intherest cans notre armement à telle personnes qu'il nous plaira. Bien entencu que ce sera sous le nom cans la part de l'un ce nous sans que pour ce ceux qui auront pû prencre cet intherest puisse prétencre avoir aucune cisposition a faire sur le c. armement quy sera toujours remis à notre conduite ou à l'un ce nous en cas ce mort ce l'autre sanf an retour à leur conner connaissance ces pertes et profits quy se trou-

veront desquels ils seront tenus de nous croire sur les comptes ou simples estats quy leurs seront donné signé ce nous
ceux.

Nous dresserons avant ce partir de cette rade les comptes du montant des dépences que nous aurons faites pour
notre armement que nous signerons déposeront entre les
mains d'un nothaire ou d'un de nos amis pour avoir recours
à notre retour.

Nous partirons de cette rade dès le printemps prochain
et nous prendrons chacun le commandement d'un des c.
bastiments en telle manière cependant que la conduite de la
navigation et l'exécution des entreprises et attaques sera
defferée aux ordres du sieur de la Grange quy conferera autant que faire se pourra avec le d. Sr. Pauperet, mais soit
qu'on ne puisse pas conferer ensemble, ou que les avis soient
partagés ceux du Sr de la Grange seront exécutés.

Comme notre dessein est de prendre six vingt hommes
et plus pour l'exécution de notre entreprise, nous mettrons
les dts hommes à la part afin de les rendre d'autant plus
zélés à procurer l'avantage de la sociétté.

Les conditions que nous ferons avec les d. engagés ou
hommes à la part seront spécifiés par la chartepartye ou en-
gagement quy en sera passé pardevant nottaire.

Nous nous réservons ce nomer pour maitre des prises
ceux que nous en jugerons plus capables, auxquels sera donné telle récompense que nous estimerons à propos. l'un ce
nous aussi en cas ce noit de l'autre, nous nous réservons
encore ce donner telle récompense que nous estimerons juste
à ceux des officiers ou hommes à la part quy feront ces actions quy le mériteront et à ceux quy seront blessés ou es-
tropiés, ou l'un ce nous comme il est cy dessus dit, nous
nous promettons ce travailler ce concert et sans disconti-
nuation à mettre en estat les bastimens, vivres et generalle-

nent tout ce quy sera nécessaire pour l'exécution de notre
entreprise et ce le faire solidairement soubs ce tous nos biens
presens et future En foy ce quoy nous avons signé à Québec
le quatriesme janvier nil sept cent quatre.

La Grange

Pauperet

Aujourd'huy quatriesme jour ce janvier mil sept cent
quatre après midy pardevant le notaire royal en la prevosté
de Québec sous-signé y résidant ont conparu les sieurs Jean
Léger ce la Grange et Claude Pauperet marchanc ce cette
ville lesquels ont volontairement céposé ces nains ce nous
cits notaire les traittés ou conventions entr'eux faits contre
les ennenis ce l'état ce jourd'huy cy cevant et autres parts
et cy-cessus escrit entièrement ce la nain cu c. sieur Pauperet pour estre par nous garcée pour minutte en notre estuce et leur en célivier ces expécitions et à qui il appartiencra toutes fois et quantes, lequel traitté ou conventions ils
pronettent chacun en croit soy exécuter ce point en point
selon sa forne et teneur, sous l'obligation ce tous leurs biens
neubles et inneubles et inneubles présents et futurs. Re-
nonçent etc. Fait et passé au cit Québecq estuce cu c. notaire les jour et an susdts. en présence ces sieurs François
Rageot et Pierre Huguet praticien ténoins demeurants au
c. Québec quy ont avec les c. sieurs de la grange, Pauperet
et notaire signé.

Pauperet

La grange

Rageot

P. Huguet

Chambalon (1)

(1) Acte de Chambalon. notaire à Québec, 4 janvier 1704.

REGLEMENT ENTRE LES ARMATEURS DU BRIGAN-TIN LE *JOYBERT*.

Pardevant le nottaire roy. en la prévosté ce Quebec soussigné y resicent et tesmoins cy-bas nonnés furent presents les sieurs Jean Leger ce la Grange et Claude Pauperet marchancs bourgeois ce cette ville armateurs et encore le sieur ce la Grange connancant le c. armenent, tant pour eux que pour leurs associez en iceluy et René Hertel Escuyer sieur ce Chanbly, Louis et Pierre Babie, Pierre François Fronage, les srs Monmidy, Bourjely et Crevier tous cu ct. armenent lesquels sont convenus ce ce qui suit savoir en que les armateurs auront la noitié cans toutes les prises et pillage qui se feront pour les incenniser ces frais ce l'arnement et l'autre noitié appartiencra à l'équipage ou voyageurs à la part.

Tous les honnes qui seront engagez pour le voyage et entreprise ne recevront aucuns gages et seront tenus ce précompter sur la part qu'il leur cevra revenir les avances qui leur seront faittes et y seront tous à la part et à conpagnon bon lot.

Seront obligés c'avoir chacun un bon fusil qu'ils fourniront à leurs cepens avec une corne à poucre et leur sac à plonb.

Sy quelqu'un ces voyageurs ou gens à la part est convincu ce lâcheté ou c'avoir pris ou fait son propre ce quelque chose provenant ces prises ou pillags il sera déchu ce croit ce part et puni suivant l'exigence ces cas.

L'article cy-cessus aura pareillement lieu contre ceux qui exciteront les autres à sécition et qui césobéiront opignatrement à leure officiers en choses concernant le service.

Il aura aussy lieu à l'égarc ce ceux qui cissiperont mal

à propos et meschament les vivres afin ce faire manquer l'entreprise.

Le sieur ce la Grange aura lauthorité ce nonmer pour maistre ces prises ceux qu'il en jugera plus capable et ce leur conner telle recompense qu'il estimera convenable sur la masse.

Le d. sr ce la Grange aura encore pouvoir ce conner telle récompense ql.croira juste à ceux ces officiers ou hommes à la part qui feront ces actions qui le mériteront et à ceux qui seront blessés ou estropiez.

Les ceux articles cy-cessus auront aussy lieu à l'égard ces Français qui se trouverront prissonniers parmis les ennemis auxquels par leur pris ou procurera la liberté et ce selon qu'ils se comporteront cans la suitte et qu'ils y feront leur cevoir.

L'aumonier et le chirurgien-major auront chacun une part conne l'équipage et outre ce il sera payé à chacun un escu cu païs surchacune part ce tous les gens cuc. aimenent.

Sy pencant la course le c. sr la Grange est obligé ce cétacher quelques uns des voyageurs pour aporter ces nouvelles à Monseigneur le Gouverneur-Général et à Mouseigneur l'Intendant ceux qui seront cétaché pour porter ces ordres quoy qui soient obligé ce rester à Québec auront leur part entière comme sy ils avaient fait l'entière courses ce la c. entreprise.

L'article cy-cessus aura aussy lieu à l'égard ce ceux qui seront renvoyés pour concuire les prises et les mettre en lieu ce sauveté et à l'égard ce ceux qui seront proposéz pour les garcer.

La part de ceux qui mourerront ce nalacie ou qui seront tuéz cans le combat ou par accicent ce quelque maniere que la mort leur advienne pendant tout le voyage ce cette entreprise soit dès le commencement ou à la fin sera conservée et délivrée à leurs héritiers comme sy ils avaient vescu curant toute la c. entreprise.

Ce fut ainsy fait et arresté entre les c. parties tant pour eux que tous les autres voyageurs à la part en la maison cu d. sieur Pauperet après midi le neufviesme jour ce juin mil sept cent quatre en présence des sieurs Jacques Phelippeaux marchand demeurant à Québec et Jacques Babie marchand demeurant à Champlain tesmoins pour ce appelés qui ont avec les c. parties et notaire signé.

A la lecture des présentes les d. parties sont convenues que an cas qu'il arrivât quelqu'accident au d. sr ce la Grange ce mort ou autrement celuy qu'il aura nommé ou fait choix de luy succedder aura le mesme commandement pouvoir et authorité qu'il a en vertu ces présentes et ont signé les jour et an que dessus.

Pauperet	La Grange
René Hertel de Chambly	Louis Babie
Phelippeaux	Bonrjoly
Montmidy	J. Baby
Pierre Baby	F. Fronage
	De la Cetierre (1)

CHARTE PAR TIERS POUR L'ARMEMENT DU *JOYBERT* PAR LE SIEUR JEAN LEGER DE LA GRANGE

Pardevant le Notaire Royal en la prévosté ce Québec soussigné y resident et ténoins si bas nommez furent presens monsieur Me. Nicolas Dupont Escuier seigneur ce Neuville conseiller du Roy coyen ce Mis les conseillers au con-

_____

(1) Acte de Florent de la Cetière, notaire à Québec, 9 juin 1704.

seil Souverain ce ce pays. M. Louis Chambalon nore royal
en cette prévosté, Me George Renarc sieur Duplesy seigneur
ce la coste Lauzon agent general ce la Compagnie ce la colonie tresorier ce la marine en ce pays et ce Monsieur de
Beauchesne Conne général ce la marine Antoine ce la Garce marchanc en cette ville, Louis Prat marchanc boulanger
en cette c ville, le sieur Antoine Pascauc marchanc ce la
ville ce Villemarie isle du Montréal absent le sieur Clauce
Poperet faisant et se portant fort pour luy tous intéressés et
assossiez avec Mr Jean Leger ce la Grange et le ct. sieur
Clauce Poperet en son non associez pour larmement en la
course contre les ennemis ce l'estat lesquels cits sieurs sont
convenus unaninement ce ce qui suit c'est à scavoir qu'ils
agreent et approuvent le traitté fait par les cits sieurs ce la
Grange et Poperet le quatriesme janvier ce la présente année mil sept cent quatre reçu et reconnu par eux par cevant
Me. Louis Chambalon nore. le même jour à l'exception ce
l'article quatriesme cu c. traité au sujet caquel ils con-
viennent et arrestent que au retour ce l'expécition cu c.
armenent tout ce qui en reviencra sera cisposé et concuit à
pluralité ces voix ces intéressez en a c. entreprise par celuy
ces cits sieurs intéressez qui sera choisy par les cits associés
pour estre le tout reparty entre tous les cits intéressez au
prorata de ce que chascun se trouvera avoir nis en la c. entreprise et que ce la même manière les pertes si aucunes se
trouvent se repartiront au narc la livre sans qu'il y ait aucune solicité entre les cits associez si ce n'est au narc la livre seullement à proportion ce leur mise et que la police cu
cit armenent ouverte par le c. sieur Dupont le sept may
cernier et suivie ce plusieurs autres intéressez sera entiere-
nent renplie du nontant ce la cépense cu c. armenent et
ensuite remis au ct. sieur Chambalon pour estre joincte au

d. traitté ainsy que la grosse cu present acte affin d'y avoir
recours en cas de besoin lequel traitté sera exécuté suivant
sa teneur conne aussi que la chaite par tyers passée par les
dits sieurs ce la Grange et Poperet et le proffit des voiageurs
à la part sera joincte au présent traitté pour y avoir recours
et estre exécuté en tout son contenu que cependant les conp-
tes cu dt aimenent nontant pour la depence d'iceluy à la
sonne ce vingt un nil six cent quarante une livres huit
sols sept ceniers seront venes et visitez par un ou plusieurs
ces dts associez qui seront nonnez à cet effait pour estre les
onissions herreurs ou coubles emplois levez si aucuns se
trouvent car ainsy etc pronettant etc obligeant etc renon-
cent à toutes clauses à ce contraire Fait et passé au ct Que-
hecq naison cu ct. sieur Poperet après midy le neufs. jour
ce juin nil sept cent quatre en presence ces sieurs Jacques
Philippeaux narchanc ceneuiant en cette ville et Jacques
Babie narchanc ceneuiant à Chanplain tenoins pour ca
appellés qui ont avec les dt. partiet et nore. signé.

> J. La riange
> Dupont
> Pauperet
> La Garce
> Duplessis
> L. Prat
> J. Babie
> Phelippeaux
> Chambalon
> De la Cetierre (1)

(1) Acte de Florent de la Cetière, notaire à Québec, 9 juin 1704.

APPOSITION DES SCELLES SUR LE BRIGANTIN

LE JOYBERT, 12 OCTOBRE 1704

L'an nil sept cent quatre le douziesme jour d'octobre après nidi nous Clauce ce Bermen Escuier seigneur ce la Martinière, conseiller cu Roy et son lieutenant-général civil et criminel au siège ce la prévosté et admirauté ce Québec accompagné ce Me Joseph Prieur, procureur cu Roy connis et Florent de la Cetierre nostre connis grieffier sur la requestte verballe d'Antoine ce La Garce marchanc en cette ville intéressé en l'armement fait contre les ennenis ce l'Estat que le brigantin nonmé le **Joybert** est arrivé et présentement ancié an la race cevant cette c. ville nous nous y sonnes transportez où estans nous avons procécé à l'apposition ces scellez sur les lieux et encroits sy après nommez à nous inciquez et enseignez par Monsieur Juchereau ce la Ferté, lieutenant sur le ct. brigantin, le sr ce la Durantais qui le connance estans à terre à laquelle apposition ce scellez avons vacqué ainsy qu'il en suit.

Scavoir :

Audedans de la chambre à une ouverture pour entrer en une manierrre ce cabane à laquelle ouverture nous avons fait cloner ceux noiceaux ce planches sur lesquels nous avons fait apposer trois bandes ce papier avec un sceau ce notre prévosté sur chaque bout d'icelle.

Ensuite ce quoy sommes montez sur pont et avons apposé deux plaques ce papiers sur le petit pancan de derrierre un ce chasque costé avec un sceau sur chasque bout ce chasque bande ce papier.

Et en outre ceux autres pareilles bances ce papier une ce chasque costé du gianc pancau et un sceau sur chasque bout ces de. bandes ce papier.

Et le panneau de devant estant fermé à clef que le ct sieur ce la Ferté a gaicée par ceveis luy et avons apposez ceux pareilles bances de papier que aux autres sy-cessus une ce chasque costé cu dt. paneau et un sceau sur chaque bout d'icelles.

Auxquels scellez nous avons estably pour gai,'en la personne ce Jean Congnet huissier en cette prévosté lequel a promis se bien et fidellement acquitter ce la de. gaice conserver les cits scellez scains et entiers et de ne rien lesser enlever ny cétourner du ct. brigantin qui soit sous les dts scellez et en sa gaice auquel Congnet nous avons lessé autant ces présentes et a avec le ct. sieur Juchereau et nous soussigné.

                              Cougnet
                              Juchereau ce la Ferté
                              C. ce Bermen
                              Prieur
                              De la Cetierre, conmis-
                                  greffier(1)

_____

(1) Pièce conservée aux Archives Judiciaires de Québec.

LEVEE DES SCELLÉS SUR LE BRIGANTIN
LE JOYBERT, 14 OCTOBRE 1704

L'an mil sept cent quatre le quatorzième jour d'octobre
avant midy sur la requeste à nous présentée par les sieurs
Jean Leger de la Grange capitaine commandant le navire le
PIMBREC GALLAY pris sur les Anglais, Claude Poperet
et Antoine de la Garde marchand en cette ville armateurs
tant pour eux que pour leurs associés en l'armement
par eux fait nous Claude De Bermen Escuier seigneur
de la Martinière conseiller du Roy et son lieutenant général
civil et criminel au siège de la prevosté et admirauté de Québec accompagné de Mr Joseph Prieur procureur du Roy
connis et Florent de la Cetierre nostre connis greffier nous
sommes transportez sur la grève du Cul de Sac de cette ville
où est à présent le brigantin nommé le JOYBERT harmé
pour la courve entreprise par les dts armateurs où estant et
en présence de Me George Renard Duplessis, receveur de
Monseigneur l'admiral nous avons procédé à la connaissance
et levée des scellez par nous apposez le douziesme de ce mois
à laquelle reconnaissance avons procédé ainsy qu'il en suit..

Nous avons entré en la chambre du dt brigantin et ensuite sur les trois paneaux qui sont au dt. brigantin et avons
trouvé tous les dits scellez par nous apposez scains et entiers
suivant notre procez verbal d'aposition d'iceux en date du dt.
jour douziesme de ce mois lesquels nous avons levez et dé-
chargé de la garde d'iceux Jean Congnet huissier que nous
avions commis à lasd. garde. Ce fait et sur la requisition du
dt. procureur du Roy connis et du d. sieur receveur de Mon
dt. seigneur l'amiral de prendre le serment des dt. sieur de
la Grange et autres officiers pour çavoir si effectivement les
effaits contenus au dt. brigantin ont esté pris et pillés à terre

ce serment pris cu c. sieur de la Grange, Deresy (?) Perot, capitaine ce prise et Pierre Testu l'un ces geans à la part lesquels ont cit que tous les effaits contenus dans le c. JOY-BERT ont esté pris et pillés cans les habitations ce Bonavis à la reserve c'environ une vingtaine ce pieges à narthes, quelques vieux fusils et ces livres (?) qu'il ont pris sur quelques petits charroys par ces jeans qui allaient à la chasse cont et ce quoy nous avons conné acte et dressé le présent procez verbal et ont les dits sieurs receveur la Grange Perot et Testu avec nous signé. Et le ct. Testu ceclare ne sçavoir signer.

Regnarc Duplessis
La Grange
De Résy
C. ce Bermen
Prieur
De la Cetierre con nis-
greffier (1)

INVENTAIRE DE CE QUI SE TROUVE DANS "LE PEMBROKE GALLEY" PRIS SUR LES ANGLAIS DANS LE PORT DE BONAVIS PAR JEAN LE ER DE LA GRANGE, 16 OCTOBRE 1704

L'an nil sept cent quatre le seizieme jour d'octobre environ les cix heures cu natin, nous Clauce ce Bermen Escuyer seigneur ce La Martinière, conseiller cu Roy et son lieutenant général civil et criminel au siege ce la prevosté et admirauté ce Quebec, et Joseph Prieur procureur cu Roy

(1) Pièce conservée aux Archives Judiciaires de Québec.

conis au cit siege assisté ce George Pruneau huissier Royal
que nous avons conis pour greffier en cette partie attencu
l'incommodité ce Me. Florent ce la Cettière conis au dit
greffe ce la prevosté et admirauté en conséquence ce l'avis
ce Monseigneur l'Intendant en catte cu treiziesme ce ce
mois et ce nostre jugement rencu sur icelluy cu jour c'huy
nous nous son nes transportez au boic cu navire Le Pain
Brok Galley nouillé en la race ce cette ville pris sur les Anglois nos ennenis connancé par le sieur Jean Leger ce la
Grange aux fins ce procedder à l'inventaire ces agrais et
appараux cu cit navire ainsy que ce sa quarquaison où estant en presence de Me George Renarc sieur Duplessis receu-
veur ces croits ce Monseigneur l'acniral cu cit sieur la
Grange et du sieur Claude Pauperet l'un ces principaux in-
teressez cans la c. prise nous avons procedé à l'ynventaire
ces cits agrais et apparaux lesquels nous ont estés non nés
et incitiqués par Blaize Guarigue, escrivain sur le c. navire
ainsy qu'il en suit.

Le corps d'un vaisseau avec son gouvernail harr et na-
nuel et habitacle avec six conpas, un fanal sur la pouppe,
ses trois mas cebout avec son beaupré, garny ce leur nas
c'une et vergues haubans galles aubans et nanœuvre cou-
rante qui nous ont parus demy usés, trois cables sçavoir un
qui est actuelle nent nouillé au noic est, ce couze pouleis
cény usé, un autre au sorouest ce cent vingt brasses aussy
cény uzé avec chaine et un ancre ce nil ou onze pezant,
un autre sur le plat boic c'environ ce couze à treize cens
pour le naitresse ancre, un ancre ce touée aussy sur le plat
boic ce quatre à cinq cens avec ses greslain ce six poulies à
cény uzé c'environ cent vingt brasses, sa cuisine de feu (?)
avec ceux chaucières ce cuivre y tenant c'environ trois
sceaux piece, ceux autres chaucières estamées c'environ ceux

sceaux pièce une autre grand chaucière de quatre sceaux,
ceux petits poilons, ceux poilles à frire, un gril, dix huit
assiettes cestain, cinq plats et ceux bassins cestain, une pel-
lè ce fer, une paire ce tenaille servant à la d. cuisine, une
cloche ce la pesanteur d'environ soixante livres, sur son
ponc seize pieces ce canon avec leurs afus c'environ cinq
à six livres ce balles, un guindeau, un cabestan avec ses bar-
res le tout ce bois, sur son gaillarc quatre pieces ce canon et
leur afus c'environ troie livres de balles tous garny ce leurs
pallânds et braques ces trois quarts uzéz, environ deux cens
cinquante boullets ce six et ce trois livres, dans la chambre
une cabarre et un petit cabinet le tout vistré la c. chambre
fermant à clef y contenant six fauconneaux et trois paires
ce pistollets, une table avec un paneau et un tiroir de bois
ce chesne les trois quarts uzée, sous le gaillard huit boites(?)
propres à l'abordage et dix espontons. Et attendu qu'il est
heure ce nicy sonné nous avons remis la continuation ce
l'Inventaire des dits agrias et apparaux à ceux heures ce relevée. En foy de quoy les cits sieurs Duplessis, la Grange,
Pauperet et Guarrie se sont avec le d. procureur cu Roy comis greffier et nous lieutenant susc. ont signé.

Pauperet

Regnarc Duplessis

La Grange

Garrie

Prieur

C. ce Bermen

Pruneau

Et le dit jour à la cite heure ce ceux ce relevée nous
lieutenant general suscit assisté cu cit procureur cu Roy
comis et greffier avons en presences ces cits sieurs Duplessis
receveur ce Monseigneur l'acmiral, la Grange, Paupere

procedé à la continuation cu d. inventaire ainsy qu'il en
suit, en piésence cu d. Garrie qui nous a cit y avoii un jeu(?)
ce voille en son entiei à ce n y usé, une misaine et un . . . .
ce cevant ce réchange neuf, un pavillon anglai- et un autie
fiançais ce cevant et ceiiièie et cans une petite chanbie il
s'est tiouvé un coips ce panoi- (?) avec ceux flames le tout
anglais que le c. Garrie nous a cit et céclaié estie tout les
agias et appaiaux cu c. naviie et ensuitte nous a céclaié y
avoii une chalouppe et canot deppendant cu d, naviie avec
chacun leui voille et gainituie . . . . et le cit Garrie nous a
céclaié avoii fait nettie à teiie tiente ceux futailles viiides
sçavoir vingt tiois ieliées ce fer et neuf ieliées ce ceicles ce
bois qu'il a dit estie tout ce sa connoissance appaitenii au
cit naviie. Ce fait nous son nes tianspoitez cans le cevant
cu d. naviie auquel lieu est scitué la cépense au cessous ce
la cuisine cu d. vaisseau auquel lieu nous n'avons tiouvé
que quelques viiies ce mauiue seiche qui pouiiait se gastei
s'il ni estait pionptenent pouiveu pouiquoy avons peinis
au sieui Pieiie Fiançois Fionage gaice à la conseivation
ces scellez appozés au cit naviie icelles faiie soitii et nettie
à l'aii et en tenii un estat exact avec le c. Gaiiie esciivain
cu c. vaisseau, apiès quoy suivant l'entie ceux ponc c'a-
vant à l'aiiièie nous avons tiouvé couze tieiçons ce sau nons
cont l'un entamé et à cemy vuide, ceux ce n ie baiiiques ce
faiine et une baiique ce bœuf, un petit tas ce mauiue seiche
et quatie cabanes cans lesquelles ce nene mauiue dont
nous ne scaurions ciie le poix atten cu qu'il n'y a point ce
biancaic poui icelle pezée pouiquoy nous avons chaigé le c.
Fionage de nous en tenii un conpte exact et attencu qu'il
est piest ce six heuies qu'il ni a point ce biancaic poui pe-
zei la c. mauiue et qu'on nous a cit que la Ste baibe en est
plaine nous avons jugé à piopos ce nous ietiiei et coidon-

ner que les c. sis aimateurs auront demain huit heures du
matin des biancaics poui faiie pezer la c. maime invanto-
riés et autues contenues tant dans la d. Ste Barbe que celle
qui est sous les scellez dont et cu tout avons dressé le présent
procès veibal et ont les susno m nés signé.

Pauperet
Regnaic Duplessis
La Giange
Gamie
Fromage
Prieui
C. ce Bermen
Pruneau

L'an mil sept cent quatre le vingt-quatriesme jour cu
mois c'octobie avant midy en veitu ce l'avis ce Me Fiançois ce Beauhamois, chevaliei, seigneur ce la Chossée,
Beaumont et autues lieux, conseillei cu Roy en ses conseils,
intendant de justice, police et finance en toute la Nouvelle-
France, en cate cu treize octobie mil sept cent quatre nous
Claude ce Bermen, Escuier seigneui ce la Maitinièie, conseiller cu Roy et son lieutenant-généial civil et criminel au
siège ce la prevosté et admirauté ce Québec. accompagné
ce Me Joseph Prieui, procuieui cu Roy commis aux cts.
juricictions et Me Floient ce la Cetierre nostie commis
gieffiei nous sommes tiansportez à boic cu naviie le Pem-
biocke Gallay mouillé en cette iace pris sur les Anglois au
poit ce Bonnevis dans l'isle ce Terreneuve pai Jean Légei
de la Giange cappitaine commancant le ct. naviie tant poui
luy que poui les autues aimateuis ses associez et autues jeans
à la pait, où estant et en piésence ce Me Geoige Regnaic
sieui Duplessy ieceveui ce Monseigneui l'amial cu ct.
sieui ce la Giange, Clauce Poperet piincipaux aimateuis et

sieur François. Fromage gardien estably aux scellez par nous appossez au ct. navire le Pembrock Gallay suivant nostre procez verbal en date du trantie, septembre dernier nous avons procedé à la reconn. des cits scellez ainsy qu'il en suit.

Premièrement nous nous sommes transportez sur le premier paneau qui est sur le devant du ct. navire et avons trouvé sur ceux faces diceluy une bance de papier sur chascune avec le sceau de cette prevosté sur chasque bout dicelles lesquels nous avons reconnu scains et entiers suivant qu'ils avaient esté apposez et mentionnés par nostre dit procez verbal lesquels nous avons levez presence ces des. partyes.

Ensuitte de quoy nous nous sommes transporté à un autre paneau auquel il y avait pareilles bances de papier sur chasque fasse diceluy sur chasque bouts cesquelles bances nous avons reconnu les scellez par nous apposés sains et entiers suivant notre dit procez verbal du ct. jour trantiesme septembre dernier lesquels scellez nous avons aussy levé et deschargé le ct. Fromage de la rance diceux dont et de quoy nous avons cessé le present acte et ont les cts. partyes avec le ct. sieur receveur de non d seigneur lamiral et nous signé

C. de Bermen
Regnard Duplessis
Pauperet
La range
Fromage
Prieur
De la Cetierre commis-grethier

Et le dt. jour deux heures de relevée nous Claude de Bermen Ecuier seigneur de la Martinière conseiller du Roy et son lieutenant general civil et criminel au siege de la prevosté et admirauté de Québec accompagné de Me Joseph Prieur procureur du Roy connis et Florent de la Cetierre nostre connis greffier et en la présence de Me George Renard Duplesis Jean Leger de la Grange commandant le navire le Pembrock Gallay et Claude Poperet principaux armateurs nous avons procédé à l'inventaire des effaits contenus au dt. navire en la manière qu'il en suit.

Sçavoir

Dans la depence sous les cuisines où nous avons trouvé la mesne norue comprise dans nostr inventaire du sieze de ce nois.

Du dit lieu nous avons . . . l'entre deux ponts où nous avons aussy trouvé les norues et saulmons compris en nossie dit inventaire susdatté.

Et de là à la Ste barbe laquelle après nous avoir été ouverte c'est trouvé remplie de norue seiche au dessous de laquelle est la soulte aux poudres dans laquelle c'est trouvé treize barils desquels le dt. sieur de la Grange a desclaré y en avoir six apartenant à l'armement et les sept autres dependants de la prise deux desquels sont vindange.

Item c'est trouvé un coffre d'arme dans lequel c'est trouvé dix-huit sabres et dix-huit fusils dependans de la d. prise.

Un coffre de chirurgie dans lequel il y a quelque medicamens anglais.

Environ trante livres de meche et quatre garce feu de bois et quatorze escouvillons de corde.

Ensuitte de quoy avons fait ouvrir le premier paneau sous lequel il ne cest trouvé que de la norue secche.

Nous avons aussy fait ouvrir un autre pancau sur le nillieu du d. navire sous lequel ne c'est aussy trouvé que de la morue.

Ensuitte avons fait ouvrir le troisiesme paneau sur le derrière du ct. navire sous lequel nous n'avons pareillement trouvé que ce la morue.

Et après avoir examiné la requeste à nous présentée par les cits armateurs la renonciance faitte par le ct. sieur Receveur de Monseigr. la ct miral à Monseigneur l'intendant en conformité de nostre ordonnance au bas de la dte. requeste en datte du dix septiesme de ce mois l'avis de non dt. seigneur l'intendant au bas de la ct. renonciance en datte du vingt unei. de ce ce mois lequel avis nous a esté defféré avec le ct. sieur receveur pour prendre ensemble les mesures necessaires pour la conservation et sureté ces droits de non dt. seigneur l'admiral sur quoy ayant fait attention et connoissant l'impossibilité qu'il y a ce faire l'inventaire au detail ce tout le ct poisson sec dont est chargé le ct. navire sans causer la perte entière du ct. poisson attendu la saison trop advancée le mauvais temps qui commence à nous menacer nous avons jugé à propos d'en commencer à ce qui nous a apparu et à l'estimation qui nous a esté faitte à peu près par les cits armateurs à deux mil cinq cents quintaux aux offres portées par leur de. requeste et conformément à la délibération prise avec le ct. sieur receveur de mon ct. seigneur l'admiral en datte de ce jour ce fait et pour seureté ces droits tant ce mon dt. seigneur l'admiral que autre à qui il appartiendra nous avons fait apposer les scellez ez memes endroits mentionnez en nostre dt. procez verbal du dt. jour trantiesme septembre dernier pour jusqu'à ce que la vente soit faitte du ct navire et de la cargaison et avons estably gardien aux cits scellez le ct. Pierre-François Fromage qui s'en est chargé aux mesures fins qu'il l'estoit si devant dont et ce quoy avons dressé le present prscez-verbal les jour et an que des-

sus et a le dt. Fromage avec le ct. sieur receveur ce mon ct
seigneur ladmiral les cts sieur de la Grange Poperet et nous
signé.

> C. de Bermen
> Regnard Duplessis
> Pauperet
> La Grange
> Prieur
> Fromage (1)

PROCES-VERBAL SUR LE NAVIRE *PEMBROKE GALLEY* PRIS SUR LES ANGLAIS, 4 NOVEMBRE 1704

L'an mil sept cent quatre le quatriesme jour de novembre huit heures du matin, nous Claude ce Bermen Escuier seigneur ce la Martinière, conseiller cu Roy et son lieutenant général civil et criminel au siège ce la prévosté et admirauté ce Québec accompagné ce M. Joseph Prieur procureur du Roy commis et M. Floient de la Cetierre, nostre commis gieffier sur la requeste à nous présentée par les Srs Jean Léger ce la Grange capitaine commancant le navire le Pembrock Gallay par luy pris sur les Anglais. Claude Poperet et Antoine ce la Garde marchanc en cette ville principaux intéressez cans l'armement qu'ils ont fait tendante pour les causes y contenues à ce ql. nous plut leur permettre faire descharger cu d. navire tel nombre ce poisson qu'ils jugeront à propos pour alléger le dt. et ce mettre en estat c'atiquer ou se céfencre en passant en France, auci..... ce liberté

_____

(1)   Pièce conservée aux Archives Judiciaires de Québec.

qn'a cet effait voulussions nous transporter à bord du dt. navire aux fins de procéder à la levée des scellez par nous ap-
posées au dt. navire et estre present à la dt. descharges pour
faire invenre. de ce qui serait deschargé notre ordonnance
estant au bas en datte du 30 8bre dernier portant communi-
cation de la dt. requeste au procureur du Roy connis et receveur de l'admirauté ; ensuitte de laquelle sont les conclusions du dt. procureur du Roy connis, et celles du dt. receveur des trante et traute un du d. nois d'octobre dernier, nous
nous sommes transportez à bord du dt navire et avons procédé
à la levée des dits scellez après les avoir reconnus scains et entiers et avons conformément aux dittes conclusions permis
aux dits armateurs adjudicataires du dt. vaisseau et de sa
cargaison de fre. descharger à terre tel nombre de poisson
qu'ils jugeront à propos pour en estre par nous fait inventaire le receveur de Monseigneur l'amiral présent ou douc-
nent appellé, pour ensuitte les scellez estre reaposez jusqu'à
ce qu'il soit pourveu d'un connis pour les droits de Monseigneur l'amiral et Jeans à la part dont et de quoi nous
avons dressé le dt. present procez verbal et avons ordonné que
le dt. Pierre-François Frolage connis à la garde des dits
scellez demeurera chargé des effaits qui resteront dans le dt.
navire jusques au dt. temps et avec le dt. sieur LaGrange,
Garigue écrivain dans le dt. vaisseau et nous signé

La Grange   Prieur
C. de-Bermen   F. Frolage
Garrie

Et à l'instant est intervenu le sieur George Regnard
Duplessis receveur de Monseigneur l'amiral, lequel nous a
dit que pour la conservation de ses droits il a conformément
à l'avis pris de Monseigneur l'intendant nommé le nommé
Blaise Garique écrivain sur le dt. vaisseau auquel il confie

les interests ce Monseigneur lamiral conformément à son ré-
quisitoire en catte cu tiaute uniesme jour d'octobre dernier.
Et autre requisitoire en conformité cu premier au bas c'une
requeste présentée par une partye des jeans à la part en datte
cu jour d'hiert, nous attencu la requeste à nous présentée
par les cits jeans à la part contraire à la nomination par le
c. sr Duplessy receveur ce mon ct. seigneur amiral nous
avons orconné que les dits jeans à la part se retireront vers
mon ct. seigneur intencant prandre sest avis sur le fait en
question et a le c. s. Duplessis signé.

C. ce Bermen

Regnard Duplessis (1)

ACTE D'ASSOCIATION ENTRE JEAN LEGER DE LA GRANGE ET RENE-LOUIS CHARTIER DE LOTBINIERE

Par devant le notaire en la prevosté de Québec sous-signé résicant et témoins cy bas nommez fut present le sieur
Jean Leger de la rrange marchanc cemeurant en cette ville ce Québec c'une part et Monsieur Me René-Louis Char-
tier Ecuyer seigneur ce Lotbinière premier conseiller au
Conseil Souverain ce ce pays c'autre part lesquels ont reconnu estre convenu ce ce qui suit, qui est que le c. sieur de
la Grange a associé et associe non ct. sieur ce Lotbinière ce
acceptant pour moitié franche cans le quart d'interest que le
c. sieur ce la Grange a pris et s'est intéressé cans l'achapt
quy a esté fait par luy et ses associez cu navire le Pembrok
Gallet et gargaison d'icelluy par luy sieur de la Grange pris
sur les Anglais nos ennemis pour la sonne ce soixante un
mil sept cens quatre livres suivant l'adjucication quy en a

----

(1) Pièce conservée aux Archives Judiciaires de Québec.

esté faite par nonsieui le lieutenant généial de la prévosté
ce cette ville le vingt-huit octobie ceiniei lequel quait non-
te à la son ne ce quinze mil quatie cent vingt six livies ;
poui ce la noitié au ct. quait nontant à la son ne ce sept
mil sept cent couze livies couiii pai nonc. sieui ce Lotbinièie les iisques ce la peite con ne ces profits qu'il plaiia à
Dieu connei au lieu et place cu c. sieui ce la Giange, ce la
nesne nanièie que le c. sieui ce la Giange est obligé ce les
couiii con ne tous les auties associez et cans tantei les entreprises que le c. sieui ce la Grange et susc. associez jugeront à piopos ce faiie poui l'exploitation cu c. naviie cai-
gaison d'icelluy et cu tout ce quy en pouiia piovenii
ciiconstances et cepencances sans aucune exception ny
iéseive et à cette fin ce iembouisei au c. sieui ce la
Giange la noitié fianche ce tout ce qu'il luy conviencia cy
apiès ce touchei poui sa pait à cause cu d. quait d'interest
tant poui leuis victuailles et avances à l'équipage pour nett-
tie leui naviie hois ce la iade cevant cette ville que poui
toutes auties depanses geneialement et sans aucune exception qu'il conviencia faiie poui touttes les entiepiises que
la c societté jugeia à piopos ce faiie cy apiès poui iaison
ce ce : Cette association ainsy faite noyennant paieille sonne ce sept nille sept cent onze livies poui le principal de la
noitié au c. quait que non c. sieui ce Lotbinièie a payée et
ienbouisé au c. sieui ce la Giange ce jourd'huy en nonnaye ce caites ainsy que le c. sieui ce ia Giange l'a ieconnu
et s'en tient contant et l'en quitte et deschaige, et outie ce
aux concitions ce payei sa pait ces avances qu'il conviencia faiie con ne il est ey-cessus dit, car ainsy etc ont ete.
Renonçant etc. Fait et passé en l'estude cu c. notaiie avant
nicy le treiziesne jour ce novembie mil sept cent quatie en
piesence ces sieuis Estienne Miianbeau et Fiançois Rageot

té noins quy ont avec les c. paities et notaiie signé.

> Jean Légei ce la Giange
> R. L. Chaitiei ce Lotbinière
> Miianbeau
> Rageot
> Chambalon (1)

JUGEMENT RENDU PAR LA PREVOTE DE QUEBEC ENTRE LE SIEUR LEGER DE LA GRANGE ET LE SIEUR DOMINIQUE BERGERON, AU NOM ET COMME TUTEUR DE L'ENFANT MINEUR DU SIEUR CLAUDE PAUPERET, INTERESSE ET DIRECTEUR A L'ARMEMENT DU SIEUR LEGER DE LA GRANGE (1er nais 1709).

Audiance tenue le venciedi pieniei joui ce nais 1709 où étaient nonsieui le lieutenant paiticuliei et monsr. le piocuieui cu Roy.

Entie le sieui Légei ce la Giange capitaine commancant les vaisseaux de Sa Majesté ceneuiant ce piésent en l'ancienne Fiance tant poui luy que poui les ainateuis au biigantin le Joybert ainé et expécié en cette ville sous le connancenent cu d. sieui ce la Giange au nois ce juin mil sept cent quatie et conne estant aux cioits ce Son Altesse Seienissine nonseigneui le conte ce Toulouse gianc acniial ce Fiance cenanceui suivant son exploit en catte cu dix janvier ceiniei, conpaiant pai le sieui Guillaune Gaillaic bouigeois en cette ville son piocuieui c'une pait et le sieui Dominique Bergeion aussy naichanc bouigeois en cette cite ville au nom et comme tuteui ce l'enfant nineui ce deffunct le sieui Clauce Pauperet vivant aussy naichanc bouigeois ce cette cite ville intéiessé et ciecteui au

---

(1) Acte de Louis Chambalon, notaire à Québec, 13 novembre 1709.

cit armanent, présent en personne deffendeur au c. non
d'autre part, et le sieur Georges Regnard Duplessis seigneur
ce la coste ce Lauzon, trésorier ce la marine en ce pays et
receveur ce Son Altesse Serenissime non dit seigneur l'acmiral en ce cit pays, intervenant en cause encore d'autre
part, après que par le cenanceur es d. non conparant conne cit est à esté conclud aux fins cu cit exploit à ce que le
deffendeur au d. nom soit concanné à luy payer aussy au d.
non la sonne ce ceux mil neuf cent quarante sept livres
trois sols nonnaye ce ce pays et ce par privilege et préfé-
rance à tous creanciers, d'autant que la c. sonne a esté lais-
sée en depost en nains cu dit deffunt Pauperet conne di-
recteur du d. arnenent par le cit sieur Duplessis au c. non
ce receveur pour restant ces croits cu dixe cu navire le
Pembro Gallay prise faite par le c. sieur cenanceur sur les
ennenis ce l'Etat la d. année nil sept cent quatre sur lespe-
rance que les c. arnateurs avaient que Son Altesse Serenissine leur en ferait renise ce qui leur a esté accorcé, suivant
un biliet cu c. feu sieur Pauperet en catte cu quatre nais
mil sept cent cinq, et un autre billet cu c. sieur Duplessis
en catte cu sixe febvrier 1708 et que par conséquent les c.
arnateurs sont cans les nesnes croits et privileges ce Son
Altesse Serenissine pour le recouvrement ce la c. sonne,
aux offres que fait le cit sieur cenanceur es cits nons ce
precompter et deduire au cit deffendeur au c. non ce qui
pourra luy revenir pour son interest sans préjudice d'autre
deub et aux cespens, et que par le c. Bergeron au c. non a
esté cit, que le c. si. cenanceur n'est pas en croit de luy ce-
nancer la c. sonne le cit sieur Duplessis n'ayant point
passé d'orcre au dos cu billet cu dit deffunct Pauperet, nais
bien le c. sieur Duplessis en la c. qualité ce receveur en ce
pays avec lequel il a un conpte par lequel il paraist que le

cit sieur Duplessis coit six mil huiet cent quatre vingt seize livres cix huiet sols et dans lequel le dit billet peutestre
passé, et par le c. sieur Duplessis a esté dit qu'il était inutil
qu'on le fit intervenir attendu que c'est au d. deffendeur au
non à payer aux d. armateurs la d. somme de 2947" 3 s.
monnaye ce ce pays suivant la remise qui en a esté faite aux
c. armateurs, et qu'à l'égard ces sommes qui luy sont cenan-
dées par le c. deffendeur il n'en doit pas un sol et qu'il n'a
jamais eu aucun compte avec le d. deffunct Pauperet que par
billet qu'ils se sont rencus reciproquement, que nesme le
d. deffendeur au d. non luy a payé depuis la mort du cit
Pauperet par ordonnance ce monseigneur l'intendant un
billet ce quatre cent quatre vingt et tant ce livres monnaye
ce France qui fessit la solde ce tous ses comptes là, qu'ainsy
il cenance a estre renvoyé de l'action à luy intentée, et par
le deffendeur a esté repliqué qu'il cenance a estre dechargé
cu privilège cenancé par les armateurs attencu que le billet cu c. deffunt Pauperet fait au c. sieur Duplessis est au
subjet cu connerce qu'ils pouvaient avoir ensemble. Parties ouyes veu la sentence rencue en cette prevosté le cix
huicte janvier cernier qui orconne avant faire croit que la
renise faite par monseigneur l'acniral aux cits armateurs
sera representée et permet au deffendeur ce faire intervenir
en cause le cit sieur Duplessis si bon luy senble : la renise
faite par nonseigneur l'acniral aux d. armateurs le trois
juin mil sept cent cinq de la sonne de trois mil cinq cent
trente cinq livres pour noitié ce son dixiesme sur la prise
cu c Pembro Fallay, le billet à orcie fait par le c. deffunct
Pauperet au d. sieur Duplessis au c. non en catte cu 4
nais 1705, un billet cu c. sieur Duplessis en catte cu ct.
juin sixe febvrier 1708 par lequel il certifie que le billet cu
c. Pauperet ne luy a esté fait que pour seureté ce la d. son-

me de 2947" 3 ʌ. suɪ lespeɪance qu'il avait que Son Altesse
Seɪenissiɴe en feɪait ɪeɴise en faveuɪ des ʌ. arɴateuɪs et
tout consiʌéɪé ɴous oɪʌonnons que le ʌ. sɪ Beɪgeɪon au ʌ.
non feɪa ʌéliʋɪance au ʌit sieuɪ ʌemanʌeuɪ es d. non de la
soɴɴe de ʌeux mil neuf cent quaɪente sept liʋɪes tɪois sols
monnaʝe de ce paʝs poɪtée au dit billet susdatté signé Pau-
peɪet et ce paɪ prefferance attenʌu que c'est ʌɪoits ʌ'armi-
rauté et suivant la ɪeɴise qui en a esté faite paɪ monsei-
gueuɪ l'aʌɴiɪal, et à l'égaɪʌ des soɴɴes ʌeɴanʌées paɪ ɪe
dit deffendeur au d. non au ʌit sieuɪ Duplessis, oɪʌonnons
qu'il en comuniquera un état au d. sieuɪ Duplessis pouɪ ʝ
estɪe ɪépoɴʌu ainsy qu'il aviseɪa bon estɪe, et aʋons coɴ-
ʌaɴné le deffendeur au d. non aux ʌepens. Manʌons, etc.

Dupuʝ (1)

---

(1)   Préʋôté de Québec, du 10 janʋieɪ 1709 au 28 janʋieɪ 1710,
folio 15.

CPSIA information can be obtained
at www.ICGtesting.com
Printed in the USA
BVHW040803081218
535028BV00023B/74/P